# Celebrando
# Ayyám-i-Há
# alrededor del mundo

Escrito e ilustrado por
Melissa López Charepoo

Dedicado con amor a

Maxwell y Paul

La intención de este libro es ser una expresión artística de la belleza y diversidad de la raza humana, y no una representación específica o completa de las personas, trajes tradicionales, lenguajes que usted pueda encontrar en diferentes partes del mundo.

Todos los derechos reservados.

Ninguna parte de este libro puede ser reproducida, almacenada en un sistema de recuperación de información ni transmitida de ninguna forma o por ningún medio; electrónico, mecánico, fotocopia, grabación u otros; sin el permiso previo por escrito de la autora.

Texto e ilustraciones
© 2017 Melissa López Charepoo

Primera edición publicada en 2017. Reimpresión 2026.

ISBN 978-1-971750-08-8 (tapa blanda)

"¡Oh Pluma del Altísimo!
Di: ¡Oh pueblo del mundo! Os hemos prescrito
ayunar durante un breve período, y a su término os hemos
designado Naw-Rúz como una fiesta. Así ha resplandecido el
Sol de la Expresión sobre el horizonte del Libro, como ha sido decretado
por Quien es el Señor del principio y del fin. Que los días sobrantes de los
meses se coloquen antes del mes de ayuno. Hemos ordenado que éstos,
entre todos los días y las noches, sean las manifestaciones de la letra Há,
y por ello no quedan sujetos a los límites del año y sus meses. Incumbe
al pueblo de Bahá, en el transcurso de estos días, disponer buena mesa para
sí mismos, sus parientes y, además de ellos, para los pobres y necesitados,
y con regocijo y exultación loar y glorificar a su Señor, cantar Su alabanza
y magnificar Su Nombre. Y cuando finalicen estos días de generosidad que
preceden al tiempo de comedimiento, que entren en el ayuno. Así lo ha
ordenado Quien es el Señor de toda la humanidad. El viajero, el
enfermo, la mujer encinta y la que amamanta no están obligados
a ayunar. Dios, como muestra de Su gracia, los ha eximido.
Él es, en verdad, el Omnipotente, el Más Generoso."


-Bahá'u'lláh, El Kitáb-i-Aqdas

¡Nuestros corazones están llenos de alegría!

Es hora de celebrar

una hermoso tiempo en la Fe bahá'í, llamado:

Ayyám-i-Há.

Los días de Ayyám-i-Há son celebrados alrededor del mundo,

por bahá'ís: adultos, jóvenes y niños como tú y yo,

con sus familias, comunidades, vecinos y amistades.

Te enviamos amorosos saludos desde todas partes del planeta.

या मा हा की खुशी खुशी भधाई
(Ayyám-i-Há khushi khushi bhadhai ho)
hindi, India

# Feliz Ayyám-i-Há

Los bahá'ís creemos en la unidad.

Un solo Dios, la unidad de Sus Profetas y la unidad de la humanidad.

Unidos en amor, sirviendo juntos,

haciendo del mundo un lugar mejor.

¡Los días de Ayyám-i-Há, días de la letra Há,

días de la Esencia de Dios,

días fuera del tiempo regular, días intercalares,

días de alegría y felicidad!

Ayyám-i-há
Pa Anigye Wom
twi, Ghana

阿亚米哈快乐
( Ayyám-i-Há Kuai Le)
mandarín, China

Ayyám-i-Há es una celebración de cuatro o cinco días.
En el calendario badí' de 19 meses, cada uno de 19 días,
algunos días quedaron disponibles para disfrutar,
un mes antes de Naw-Rúz, el año nuevo bahá'í.

Los días de Ayyám-i-Há,

días de regocijo, servicio y alabanza a Dios.

Días que nos ayudan a prepararnos para el ayuno.

¡Días de alegría antes de abstenernos,

antes de que sea el año nuevo!

اﯾّام هاء مبارک
(Ayyám-i-Há Mobarak)
persa, Irán

Felices Días Intercalares
español,
Puerto Rico

Joyeux Ayyám-i-Há
francés, Francia

# С праздником Айам-и-Ха

(S 'prazneekam Ayyám-i-Há)

Ayyám-i-Há es un tiempo
de alegría y regocijo.
Disfrutamos alrededor del mundo,
de regalos y tiempo con nuestros seres queridos.

¡Los días de Ayyám-i-Há,

días llenos de júbilo y celebración,

días de disponer de buena mesa y hospitalidad

días de amor a toda la humanidad!

# Hery Ayyám-i-Há

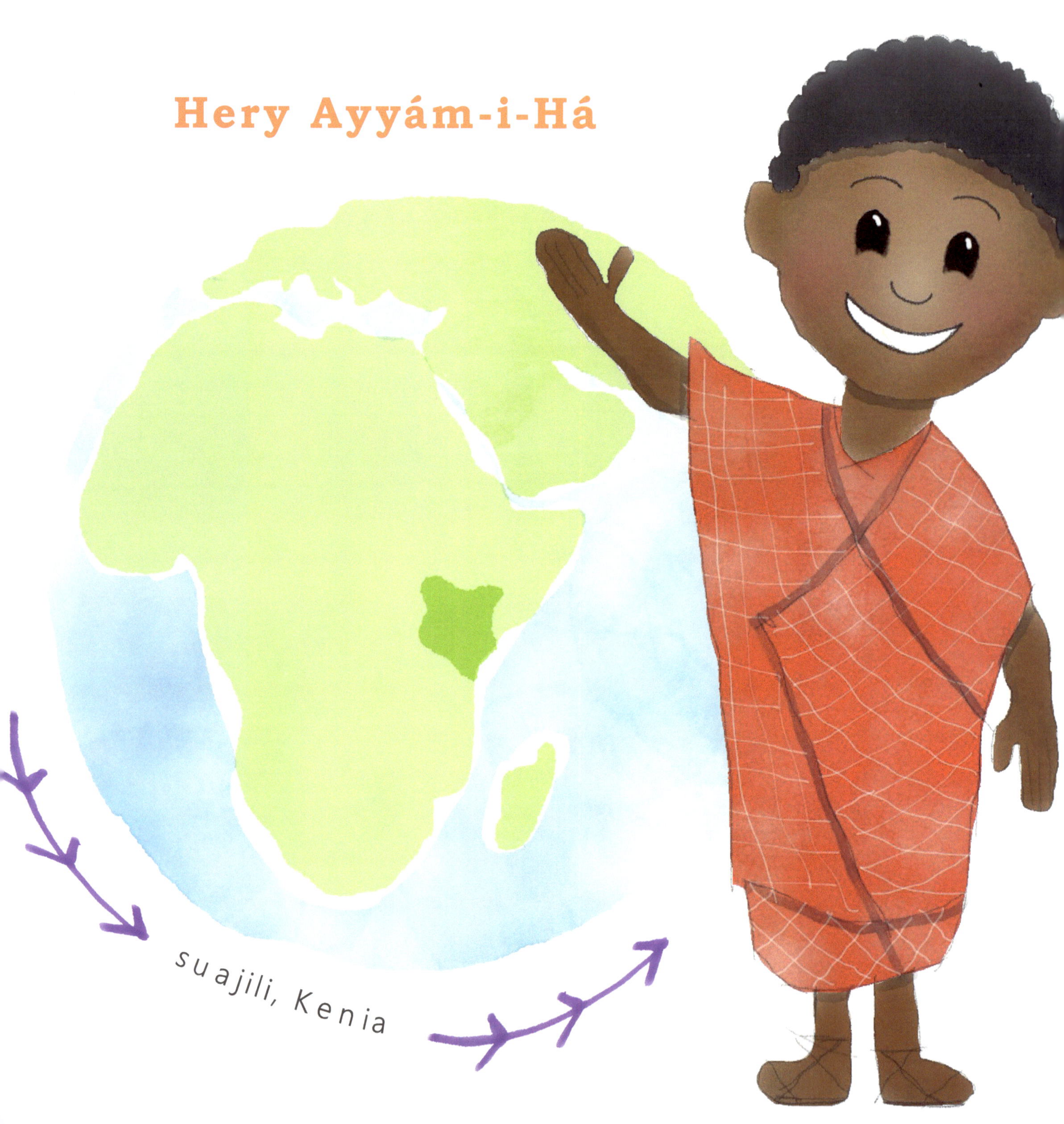

உபரி நாட்கள்
(Ubari Naatkal Valthukkal)
támil, Singapur

Ayyám-i-Há es un tiempo para el servicio y la caridad.
En todas partes del mundo
ayudamos a los pobres y necesitados
con amor y compasión.

¡Los días de Ayyám-i-Há,

días para cuidar del enfermo,

días para ayudar al necesitado

días para llevarle alegría al que sufre!

Fröhliches Ayyám-i-Há
alemán, Alemania

Happy
Intercalary Days
inglés,
Estados Unidos

Ayyám-i-Há es un tiempo
para glorificar el Nombre de Dios.
Alrededor del mundo, cantamos, entonamos y recitamos
hermosas oraciones con deleite y alegría

¡Los días de Ayyám-i-Há,
días para cantar alabanzas a Dios,
días de magnificar y glorificar Su Nombre.
¡Una celebración de regocijo, servicio y alabanza,
son los días de Ayyám-i-Há!

¡Te
deseamos
un

Feliz
Ayyám-i-Há!

Si desea conocer más acerca de la Fe Bahá'í, por favor visite:

# www.bahai.org

Referencias:

Bahá'u'lláh, El Kitáb-i-Aqdas

Bahá'u'lláh; Oraciones y Meditaciones

Varios; Oraciones Bahá'ís: Selección de oraciones reveladas por Bahá'u'lláh, El Báb, y 'Abdu'l-Bahá

J. E. Esslemont; Bahá'u'lláh y la Nueva Era

Agradecimientos:

A mi querido esposo Darioush Charepoo por todo su apoyo.

A Leanna Guillén Mora por la edición del libro en inglés, lectura de prueba y prueba de imágenes.

A Sophia Wood por compartir su conocimiento sobre la escritura
y publicación de libros y ayudar con lectura de prueba inglés.

A Thomas Kavelin, Varya Sanina-Garmroud, Nilmari Donate, Marcela Lemus, and
Rachel Anderson por ayudar con las lecturas de pruebas.

A Elegna Rodríguez and Nilmari Donate por ayudar con las pruebas de imágenes.

A Elika Mahony, Jaleh Ehsani, Kamal Singh, Clement Papafio, Adwoa Ulzen Setrakian,
Varya Sanina-Garmroud, Carmel Irandoust, Katrin Modabber, Amy Brooks, Pamela Douglas,
Kavita Ilangovan y demás contribuidores por ayudar con la traducción de
"Feliz Ayyám-i-Há", "Feliz Dias Intercalares" en diferentes lenguajes.

www.ingramcontent.com/pod-product-compliance
Lightning Source LLC
Chambersburg PA
CBHW042156030726
47599CB00004B/760